U0027633

賽雷三分鐘漫畫中國史

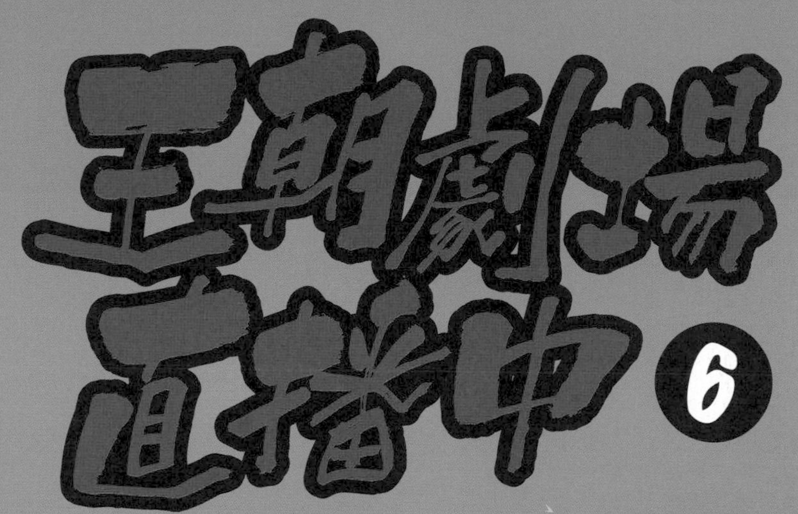

王朝劇場直播中 6

賽雷 著

【元朝～清朝】

目　錄

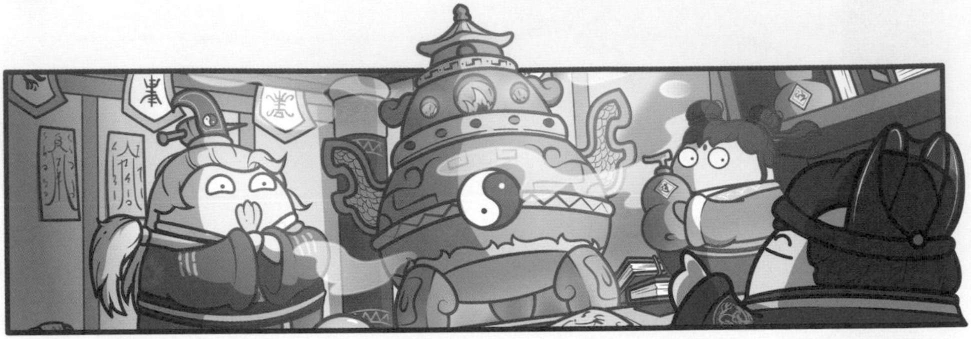

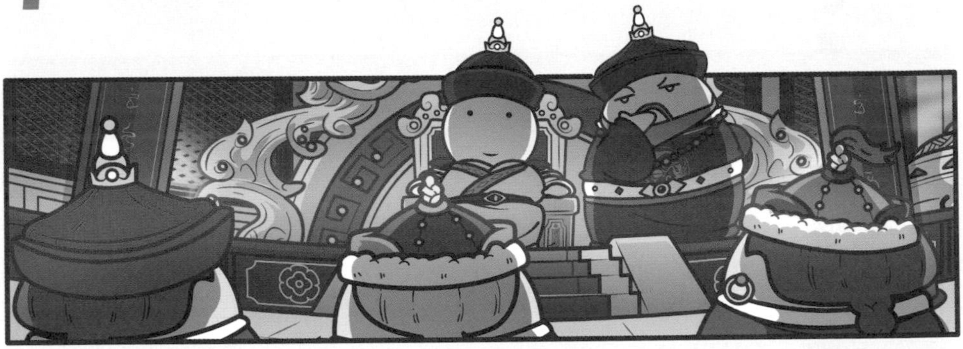

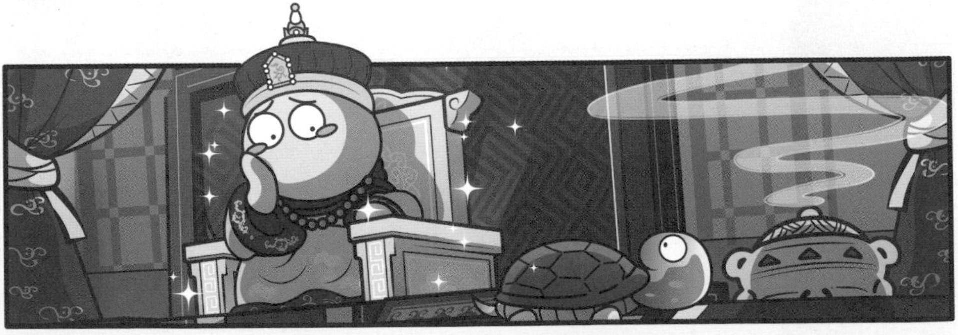

1
西夏篇

擁有四個姓的皇帝

《三國演義》有一個典故叫「三姓家奴」，諷刺呂布喜歡叛逃，反覆無常，不忠不義。

此典故流傳幾百年，已經變成一句經典髒話。

但大多數人都不知道，中國古代的一位皇帝以「玩哏」的標準，他算是「四姓家奴」了。

別人問：「您貴姓啊？」他要答：「拓跋、李、趙、嵬名。」

都說大丈夫「行不更名，坐不改姓」，這位奇葩的四姓皇帝究竟是誰呢？四個姓又是怎麼來的呢？

西元五世紀左右，今四川西北至青海河曲一帶的山谷間住著很多部落，他們世世代代以畜牧為生，和犛牛、羊、馬打交道，中原人把這些部落合稱為「黨項」。

根據中原的史書記載，黨項族是不折不扣的戰鬥民族，文化程度相當低，沒有文字、沒有曆法，以植物的枯榮來計算年月。

他們沒有什麼法律，有什麼矛盾的話，能動手的絕對不廢話，用拳頭和刀斧解決問題。

黨項有一個非常獨特的習俗：

如果一個部落和另一個部落有什麼血仇，就必須以眼還眼、以牙還牙。完成復仇前，部落所有人都不准吃肉，還得整天蓬頭垢面，手刃仇人後，才能恢復正常生活。

可見民風之剽悍！

黨項諸部落中，最強大的一支由拓跋家族率領，事實上他們也是黨項人的首領。

開頭說的四姓皇帝就出自這個家族，拓跋是他的本姓。

南北朝時期，建立北魏的鮮卑皇族就姓拓跋，拓跋黨項很可能是他們的親戚。

歷史學家只是認為有可能，但拓跋家族百分百認定自己的血統好，命中有富貴，開始做起建國夢。

拓跋家族曾經帶著黨項人和唐朝開戰，想拿點地盤，結果可以總結為：被唐朝反手一巴掌打醒……

雖然黨項族民風剽悍，但在絕對的實力面前，也只有戰敗的分。
認清現實的拓跋家族，帶著黨項人歸降唐朝。

唐朝皇帝給首領拓跋赤辭賜姓李，並下令讓黨項人搬家，全部遷往西北地區，放在眼皮子底下，以防他們再次叛亂。

雖然唐朝人對黨項人多有提防，但從總體上來說，黨項人還是比較忠誠。

唐朝遭遇農民起義將要亡國時，拓跋家族的李思恭帶黨項人趕來救援，事後被封為夏州節度使，也稱定難節度使。

節度使是掌握地方軍政大權的官員，鑑於唐末中央朝廷腐敗無能，節度使等於割據一方的軍閥。

所以，唐朝滅亡後，黨項人馬上成為沒人管的地頭蛇。

之後的五代十國時期，黨項人開始隨性生活，誰稱霸中原，就管誰叫爸，只要不找他們麻煩，叫爺爺都沒問題！

五代十國末期，宋朝崛起，黨項人非常熟練又自然地向宋朝稱臣。

當時的黨項首領李繼捧，甚至應宋太宗趙光義邀請，直接帶著老婆、孩子搬到宋朝都城住。

李繼捧是來了，但他那個留在老家的弟弟李繼遷早就有奪權之心，於是趁哥哥不在家，帶著黨項人造反了。

宋朝當然是幫兄不幫弟，然後就開戰了。
結果打來打去，宋朝竟然吃了敗仗，無法滅掉李繼遷……

宋太宗沒辦法，只能承認李繼遷的地位，把哥哥李繼捧送回去「鎮場子」。
黨項人的地盤，兄弟各分一半管。宋太宗給他們都賜姓趙，於是拓跋家族喜提第三個姓。

宋太宗原本以為這樣就能消停，沒想到李繼遷精力旺盛……

他表面還是服從宋太宗，但回頭就把哥哥的地盤吞了，並再次擊潰過來討伐的宋軍。

就這樣還不滿足，他帶著黨項人四面出擊，到處搶錢、搶人、搶地。

到李繼遷的孫子李元昊那輩，黨項人的勢力已經很強了，他們控制黃河中上游，是西北地方的頭號地頭蛇。

李元昊覺得時機已到，終於可以實現建國夢了！

西元一〇三八年，李元昊建國稱帝，國號「大夏」，由於地處西北地方，被中原人稱為西夏國。

為了擺脫中原文明的影響，李元昊在建國的同時，廢掉唐朝所賜的李姓，也停用宋朝所賜的趙姓。

還好、還好，沒有丟掉祖宗的臉面！

他發明新的姓——嵬名，並讓西夏皇族統統改用這個。

關於嵬名到底是什麼意思，目前在歷史學界還有爭議……

李元昊自認是北魏拓跋皇族的後裔，所以在創造姓氏時，用了「北魏皇族之名」的意思。

不管是什麼意思，都要恭喜李元昊先生，他成為中國古代唯一的「四姓皇帝」！

為了加強黨項人對國家的認同感，也為了增強凝聚力，李元昊還讓手下創造西夏文，推行黨項髮型、服飾，讓西夏擁有與眾不同的文明。

西夏是不是「顏色不一樣的煙火」，宋朝完全沒興趣。
宋朝只看到一個藩屬國要單飛，就算是為了臉面也不能承認。

於是，宋、夏戰爭爆發，李元昊率軍親征，黨項人的戰鬥之魂燃燒起來，三次擊敗宋軍，宋朝最終不得不承認西夏的存在。

從客觀方面來看，論地盤、人口、軍隊數量，西夏的實力都遠在宋朝之下，之所以能打贏，有很重要一個原因是……

北方的遼國才是宋朝最強的敵人，與西夏對戰時，宋朝要分不少人馬去提防遼國，放不開手腳。

其實反過來也一樣，後來遼國覺得逐漸壯大的西夏是個威脅，於是派兵入侵西夏。

但遼國又怕宋朝加入戰爭，和西夏站在一起，所以不敢傾巢出動。

李元昊帶著黨項人拚死抵抗，西夏初戰不利，後退兵百里，還玩起堅壁清野的手段，連草都不給遼軍留一根，最終遼軍被迫撤退。

接連擊敗宋和遼，李元昊感到風光無限，但他估計做夢也想不到，自己會有一個悲摧又丟人的結局。

李元昊先生比較好色，做為西夏皇帝，身邊自然不缺美女。
問題是他看上皇后兄長的遺孀，並廢掉皇后，改立皇后的嫂子為后。

緊接著，太子剛選定的太子妃也因貌美被李元昊霸占，李元昊這個扒灰老兒，顯然是沒考慮到兒子的感受：你把我媽廢了，還搶我老婆，就算是親爹也不能忍！

在一個月黑風高之夜，這個頭上綠油油的兒子摸進宮裡，趁著李元昊喝醉酒，直接把他的鼻子割了下來。

西夏開國皇帝，打敗宋、遼的一代豪傑，就這麼死於失血過多。

雖然李元昊已經掛了，但他留下的指導精神還在。
之後的西夏皇帝都學會利用宋、遼的矛盾，在兩國之間左右搖擺。

宋朝打我，我就請遼國調停；遼國打我，我就向宋朝求援。

如此一來，西夏在一場戰爭中始終只用面對一個敵人。

黨項人戰鬥民族的天賦，加上微妙的三角關係，讓西夏這位羽量級選手，在面對宋、遼兩位重量級選手時，能夠保自身周全。

三角關係的戲碼上演近一個世紀後，終於演不下去了，因為在東北崛起的金朝成為「戲霸」。

他宰掉一號主角遼國，順便打殘二號主角宋朝，逼著宋朝南遷變成南宋，舞臺上只剩孤零零的西夏陪金朝玩。

西夏還是很識時務，金朝說怎麼演就怎麼演：金朝叫西夏臣服，西夏答應了！金朝叫西夏送禮進貢，西夏也答應了！

就這樣金朝還不滿意，始終對西夏多加提防，時不時就在邊境屯兵嚇唬一下西夏，對金夏之間的貿易也多加限制。反正就是告訴西夏，你暫時不會亡國，但也別想變強。

對西夏來說，這種日子倒也挺安逸的，反正黨項人的夢想只是建國，也沒規劃什麼稱霸天下的藍圖，能在亂世中保命即可，吃點虧就吃點虧吧。

西夏享受安寧時，北方大草原上，成吉思汗帶領的蒙古人正在血海中摸爬滾打，用一次次戰爭壯大自己的實力。

當蒙古人出現在自己面前時，西夏人的第一反應是 —— 什麼？我又可以進入三角關係了？

但西夏人萬萬沒想到，蒙古人其實是二號戲霸！

西元一二〇五年，成吉思汗開始進攻西夏。一二〇七年、一二〇九年又兩次出兵西夏。

安逸太久的西夏人完全打不過蒙古人，只能向金朝求援，而金朝坐視不理，西夏只能求和，並接受成吉思汗開出的條件 —— 和蒙古聯手攻打金朝。

於是，西夏被迫和金朝開戰，幾次交手下來，西夏發現自己打不過「一號戲霸」金朝，又和金朝求和，聯手去對抗蒙古。

牆頭草是誰都不想當的，但沒辦法，世道變了嘛！

西元一二二七年，蒙古全力圍攻西夏，西夏末代皇帝投降。

因為西夏曾經違背和蒙古聯手之約，做為報復，成吉思汗下令殺掉所有西夏皇族。

西夏這個國家很快就灰飛煙滅了。

蒙古人拿到這塊地，設為寧夏行省，取「平定西夏，萬世安寧」之意。

完美周旋於宋、遼之間的西夏，演示了什麼叫弱國的生存之道；被金、蒙古直接擠爆的西夏，用滅亡的宿命，說明了什麼叫弱國的無奈……

2

金朝篇

號稱萬年不朽，只活了一百一十九年

西元一一一二年，農曆二月初十，北方大草原上的一座豪華行營裡，正舉辦著一場宴會。

主人情緒高漲，已經喝到半醉，而下面的賓客都戰戰兢兢，不敢不陪著他喝，又怕喝醉之後說錯話，失了禮。

宴會的主人叫耶律延禧，是北方霸主遼國的皇帝，賓客則是女真各部族的首領。

女真人自古就住在東北，過著半漁獵半農耕的生活，在契丹人建立強大的遼國之後，東北被他們收入囊中，女真人被迫稱臣。

但締約雙方對合約內容有異議，女真人願意做遼朝的臣子，遼朝卻想讓女真人當奴隸。遼朝官員年復一年地欺負女真人，加稅收、徵苦役、收貢品……想盡辦法要榨乾女真人。

當耶律延禧出門巡視，要召見女真各部首領時，他們心裡是一萬個不情願，可又不敢違抗旨意，只能強壓怒火過來陪「長官」吃飯。

吃飯就吃飯吧，耶律延禧偏偏愛多事，他喝多後突發奇想，要女真首領們給他表演舞蹈。

在古代，跳舞是戲子、宮女才做的事，君叫臣充當戲子，等於對臣人格和智商的雙重羞辱。

女真首領們氣得臉都漲紅了，但他們一想到耶律延禧背後是強悍的遼國……

沒看出來，各位首領的刀使得好，舞跳得更棒啊！

只有一個人沒有起身，耶律延禧再三催促，他照樣不動，這傢伙就是女真完顏部的首領 —— 完顏阿骨打。

完顏阿骨打恨透欺人太甚的遼朝，也鄙視這幫沒有骨氣的同胞。

晚宴結束後，他回到家裡，向族人描述自己所受的奇恥大辱，在大家的一片怒罵中，高聲宣布自己要造反。

完顏部剛起兵時，僅有二千五百多人，遼國根本沒有把他們放在眼裡。

完顏阿骨打趁著敵人麻痺大意時，先一個一個收服其他的女真部族。沒過幾年，他就統一女真人，並宣布建國，國號為「金」。

這個名字取得相當有針對性，因為遼國的「遼」，在契丹語中意思是鐵，象徵著這個王朝堅強如鐵。

完顏阿骨打同學用的是「金」，暗指鐵再硬也會生鏽，而黃金萬年不朽，就是比你強！

這時候，遼國才覺得事情不對勁，派出大軍前來圍剿金朝，結果卻非常尷尬，打多少場就輸多少場，來多少人就死多少人。

西元一一二二年，金軍攻下遼國的南京析津府（今北京）。
西元一一二五年，遼國被徹底消滅，皇帝耶律延禧被金軍活捉。

曾經稱霸北方的遼國就這樣灰飛煙滅，讓無數歷史學家跌破眼鏡，要分析原因的話，遼國自己肯定得背一部分鍋。

這個王朝已經到了生命的終點，皇帝昏庸、朝廷腐敗。

而且遼國在戰爭中被兩面夾攻，一直看他不順眼的宋朝和金朝結為同盟，聯手攻打遼國。

最後，也是最重要的原因：

金軍非常強悍。女真人的社會比較落後，生活條件艱苦，造就了他們吃苦耐勞的精神，打起仗來也很不怕死，光腳的不怕穿鞋的嘛！

女真又是一個半漁獵、半農耕民族，人口比較稀少……

女真人平時以猛安謀克為單位進行生產，一起圍捕獵物培養默契，一起種田培養感情。打仗時，全民皆兵，以猛安謀克為單位組成軍隊，讓這些有默契、有感情的女真人並肩上陣殺敵。

平時大家和路人玩遊戲，發現情況不對，會果斷賣隊友，要是熟人一起玩就不同了，為了以後好相見，肯定是要拉兄弟一把。基於猛安謀克制度的金軍就是這樣，大家同生死、共進退，所以戰鬥力爆表。

如果說滅掉日薄西山的遼國，還不足以證明女真人的實力，那麼我們看看宋金戰爭！

西元一一二五年，已經胃口大開的金朝，轉頭進攻昔日的盟友宋朝。

一路上碾壓宋軍，神擋殺神，佛擋殺佛，很快就攻破宋朝都城，俘虜宋帝。

這場戰爭中，不僅猛安謀克制度發揮作用，女真人還動用黑科技……

即人和馬都用鐵甲包裹的重騎兵，被皮索連在一起，正面衝擊宋軍。

這玩意兒就是古代版坦克，因為宋軍的弓箭很難穿透「鐵浮屠」的盔甲，好不容易射死一個，他的馬還是會被皮索扯著往前跑。

反正，最終結果都是「鐵浮屠」一頭撞爛宋軍的陣線。

「鐵浮屠」正面平推的同時，其他的金軍騎兵就從兩邊攻擊宋軍的側面，挑薄弱之處下手，這種戰術被稱為「拐子馬」。

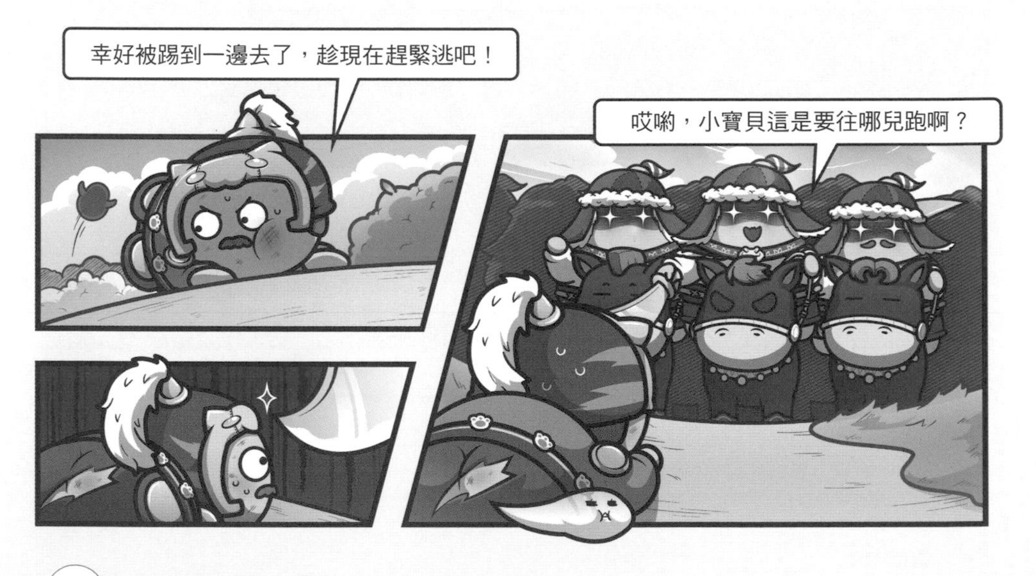

面對「鐵浮屠」和「拐子馬」，宋軍的勝算可以小到忽略不計，然後宋朝就這麼涼了，殘餘的皇族和大臣一路狂奔逃到南方，建立南宋。

金軍當然是想把宋軍趕盡殺絕，但當金軍進攻南宋時……

中國南方多河多湖，還有寬闊的長江，什麼「鐵浮屠」、「拐子馬」，到了水面上就是一堆廢物。

宋軍則非常熟悉水戰，還有幾層樓高的戰船，這讓金軍怎麼打？

而且岳飛等南宋將領，也總結出對付金軍的方法：

他手下的岳家軍，步兵裝備威力更大的弓弩，還用上了可以砍馬腿的長柄大刀、大斧，專剋「鐵浮屠」。

岳家軍還擁有南宋最好的騎兵，和「拐子馬」對著衝就完事了。

所以金朝始終無法消滅南宋，連大一點的地都沒能占下幾塊，還差點因為宋軍北伐，把到手的領土還回去。

對外擴張不太順利，金朝的內政也是一團糟，主要是民族矛盾太過尖銳。

當年，女真人被遼國欺負慘了，現在自己當老大，就想變本加厲地榨乾別人，騎在別人頭上作威作福。

金朝的第二位皇帝金太宗完顏吳乞買占領中原後，就頒布易俗令：

讓全國百姓使用女真人的社交禮儀，統一穿女真人的服裝，換成女真人的髮型，違者殺無赦！

漢人千年來都是留長髮，而且從不輕易剪髮……

而女真人的髮型是把大部分頭髮剃光，只在一塊地方蓄髮，編辮子……

漢人們會願意嗎？他們只是迫於「留髮不留頭」的壓力，沒有辦法才剃的。

不僅有精神上的打壓，女真統治者還從物質生活、晉升管道等層面打壓金朝內的其他民族。

歷史記載的金朝三品官員有六百二十七人，三百三十四人為女真人，占一半以上，而女真人在金朝總人口中的占比才不到兩成。

金朝初年，女真人還不允許其他民族考武舉，而是讓自己人壟斷軍官職位。

金朝皇帝還把大量猛安謀克從東北遷到中原，把其他民族手中肥沃的土地劃給這些新來的女真人。

新來的女真人過著養尊處優的生活，其他民族的百姓卻因此流離失所，甚至活活餓死。

金朝統治下的其他民族內心從未接納過這個王朝，反而開始懷念遼、宋，造反、民變、起義是金朝百姓每一天的日常。大家不是在揭竿而起的路上，就是在醞釀的過程中。

金狗，納命來！
天堂有路你不走，地獄無門你闖進來！

金朝剛建立時，女真人憑藉著戰術和勇猛的個性，尚且能鎮壓這些起義。但女真人當大爺的日子愈久，就愈腐化退步——這是可以理解的，天天混吃等死，哪裡還記得以命相搏的滋味？

金朝建立五十多年後，皇帝想從猛安謀克中挑選親兵，可是他驚訝地發現，曾驍勇善戰、全民皆兵的女真人，竟然十有八九不會拉弓……金軍的戰鬥水準可想而知。

自己已經不能打了，國內還到處有人造反，滅不掉的南宋又始終是個威脅……

最糟糕的是，北方草原又來了一群蒙古人，在他們身上，女真人彷彿看到曾經的自己——蒙古人的民風很剽悍，打仗不怕死，而且騎兵超厲害。

當兩方開始交戰，金軍基本毫無還手之力，金朝很快就丟掉大部分地盤。

不久之後，老仇人南宋也加入痛打落水狗的行列。在蒙古和南宋的合力進攻下，金朝很快便亡國了。

一如當初金朝和北宋夾擊遼國，歷史總是那麼相似！

不同的是，金朝的亡國之君金哀宗沒有被俘。

完顏家族帶領的女真人，曾經讓遼和宋的皇帝跪在腳下，瘋狂嘲弄和戲耍他們。

所以金哀宗很清楚，自己落到蒙古人手裡，會受到什麼樣的侮辱，所以他選擇自殺殉國。

在最後一刻，女真人血液裡的勇武之魂還是覺醒了，然而一切都太晚了，這局遊戲已經結束。

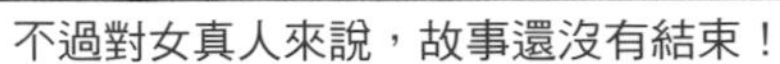
不過對女真人來說，故事還沒有結束！

幾百年後，女真人會換一個叫「滿人」的 ID，再換一位隊長。

從完顏家族變成愛新覺羅家族，然後重開一局遊戲！

3

元朝篇

從草原來，回草原去

十三世紀的歐亞大陸居民，最怕聽到的一種聲音就是「噠噠噠」的馬蹄聲。

伴隨著馬蹄聲而來的，往往是漫天的箭雨和劈在自己腦袋上的蒙古刀。

自西元一二〇六年成吉思汗起兵，蒙古大軍迅速橫掃整個歐亞大陸。

蒙古大軍所到之處血流成河，在遍地的屍體之上，他們建立有史以來最龐大的帝國。

然而在進攻南宋的過程中，發生了一點意外，蒙古帝國的老大蒙哥汗被宋軍殺掉了。

繼承人們為了爭奪寶座開戰，最後忽必烈獲得勝利，成為蒙古帝國的第五任大汗。蒙古帝國在不斷的對外擴張中，先後建立欽察汗國、窩闊臺汗國、察合臺汗國和伊兒汗國，而這四個汗國之後逐漸脫離占據中國這片區域的蒙古王廷的掌控。

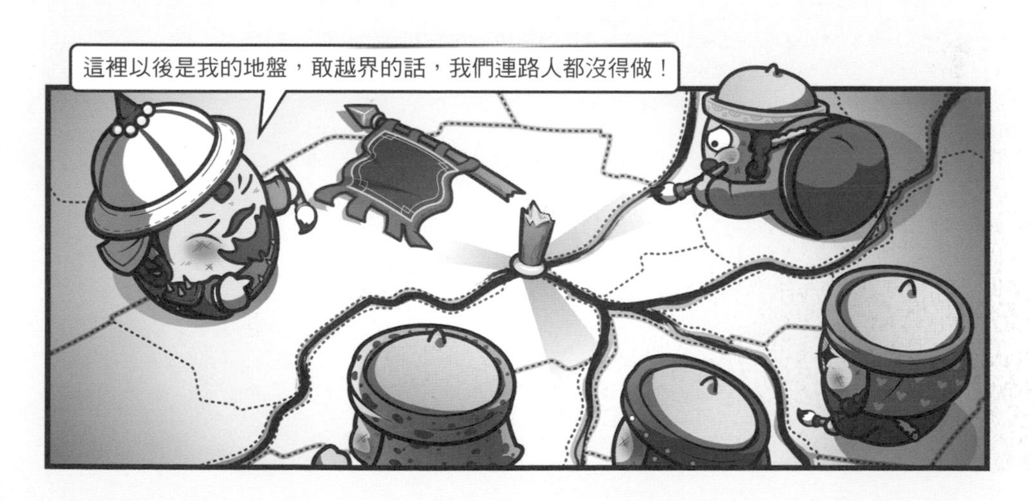

忽必烈即位後，改國號為元，建立元朝。他準備建國之前，就有手下提議：把所到之處的居民都殺光、趕跑，空下的土地給自己人放牧就好。
這個提議被忽必烈果斷拒絕了。

因為他早年接觸過很多漢人學者，十分喜歡漢族文化，尤其是儒家的各種學說。

他還覺得漢、唐的制度、法律遠遠強過蒙古帝國，他想模仿漢、唐，建立一個擁有輝煌文明的新王朝，而不是用一塊超大的草地養牛、羊。

忽必烈設立的各種行政機構，都是「抄襲」之前的王朝。

忽必烈興建城市元大都，是叫漢人操刀設計，選址規劃採用漢人看風水的方法。忽必烈還學習漢人皇族的傳統，建立太廟，供奉列祖列宗。

甚至連元朝的國號都是出自漢人的典籍《易經》。

「元」即元氣的意思，元氣是萬物的本源，推動天道的輪回。

做為老闆的忽必烈，以及他手下的蒙古貴族，坐擁一個龐大的帝國，自然每天都元氣滿滿。

但老百姓過得有點絕望——元朝官府習慣性將人分為四等：

第一等級是蒙古人，這自然不用說；第二等級叫色目人，包括金髮碧眼的老外，還有西域等居民；第三等級是漢人，主要指生活在北方地區的漢族和契丹人；最低的第四等級則是元朝最後征服的南方漢族及其他民族。

* 化用網路流行語「六親不認的步伐」，指非常浮誇、囂張的走路姿勢。出自劉德華和周星馳合作電影的《整人專家》，劇中兩人大搖大擺走路，被稱為「六親不認步伐」。

元朝各民族在政治和經濟上的地位很不平等，對不同民族的歧視也一直存在。

漢人和南人過得有多憋屈呢？

朝廷各部門的一把手，基本上只交給蒙古人來當。

其他職位也是優先任用蒙古人，色目人則是次選，實在找不到合適的，才會勉強考慮一下漢族的人才。

蒙古人為了防止漢人、南人反抗自己的統治，將他們手中的兵器全部收繳，也不許他們習武或養鷹犬去打獵。

有些地方，漢人和南人甚至被禁止使用鐵製的農具，可謂是處處設防。

不同等級的人犯法，受到的處罰也有輕重之分。

漢人、南人殺死蒙古人，直接以命償命；蒙古人殺死漢人、南人，只會挨一頓板子和賠一點喪葬費。

漢人、南人盜竊，必須要受刺字之刑做為懲戒，而蒙古人當了小偷就不用。如果官員擅自給他們刺字，自己反而要被免職。

一邊被蒙古人當作「抄襲」對象，一邊被蒙古人歧視，漢人、南人的心裡肯定有火氣。

元朝的統治從一開始就沒打好地基，在這種情況下，還一股腦兒地往上蓋樓。

元朝以天朝上國自居，要求周邊所有國家臣服於自己，誰不服就動手打誰。例如，元軍渡海東征日本；又例如，攻打同是蒙古人建立的窩闊臺汗國。

打窩闊臺汗國這仗贏了，元朝拿了很大一塊地，領土面積增長到一千三百七十二萬平方公里，是中國歷代王朝中最大的。

殺人占地，聽起來很威風。

但元朝每一次發動戰爭都會消耗大量民力，老百姓要多交稅當軍費，要多交糧餵飽士兵，被整得苦不堪言。

況且元朝偶爾還搞賠本買賣，兩次東征日本，一平方公分的地都沒拿到，元軍死傷人數還超過十萬。

與此同時，元朝還保留著一個燒錢的傳統，朝廷年年給蒙古貴族巨額賞賜。賞賜有功之臣很正常，對吧？

但元朝的賞賜不需要理由，只要你好好活著就有分，為的就是擁有優越感。

但是呢，朝廷不生產財富，只是財富的搬運工，老百姓每年交的稅就那麼多，哪裡經得起揮霍？

忽必烈晚年時，元朝已經變得外強中乾，看起來十分強悍，實際上國庫空虛、民心不穩。

在這個國家急需「更新補丁」時，一位「天才程式設計師」上線了……

元武宗發行新的鈔票，讓老百姓把舊鈔票拿去兌換。

然而，舊鈔換新鈔並非按照一：一的比例兌換，而是按差不多二：一的比例進行。於是，老百姓手中的財富瞬間貶值一半，錢都進了元武宗的腰包……

他的另一項方案就是加稅：

找賣鹽的販子加稅，找賣酒的商家加稅，找賣菜的商家加稅……

不管你家做什麼生意，統統都要加稅，元武宗真可謂是賺錢的一把好手。

元武宗在狠狠「陰」了一把老百姓後，國庫空虛的問題還是沒有得到解決，而且不久之後他就接到死神的召喚。

元武宗在位才短短幾年，就因為喝酒縱欲把自己給折騰死了。

他把皇位傳給自己的弟弟，以感謝弟弟一直以來對自己工作的支持。

但這只是一張「皇位體驗卡」，兄弟倆約好，弟弟死後要把皇位歸還給元武宗的兒子。

元武宗並不知道，這種看似講義氣的行為，會給以後的元朝政局埋下隱患。

他弟弟元仁宗貪戀權力，不打算歸還皇位給侄兒，而是讓自己的兒子接班，準備把「皇位體驗卡」無限續期。

在其他蒙古貴族眼中，元仁宗一家這種背信棄義的行為，就是名符其實的篡位。

既然元仁宗一家篡位，那其他人也能。元仁宗死後，朝廷開始頻繁發生政變。

大臣動不動就刺殺皇帝，然後另選新主；每次新皇帝上臺，也要殺一批不服管的老臣。

其結果就是，元朝在十幾年時間內，換了七位皇帝。

在這種混亂之下，沒有人去關心老百姓過得怎麼樣，就算有想法，也沒那個精力。

而金碧輝煌的皇宮之外，正接連發生著自然災害。整個元朝時期，共發生一千三百零五次自然災害，頻率遠遠高於之前的宋朝。

其中又以洪水最可怕，元朝時期中國整體降水偏多，各地河流時不時就氾濫一次，洪災多達四百五十九次。黃河頻繁決堤，每次都會摧毀大片的農田、房屋，讓幾十萬人無家可歸。

西元一三五一年，朝廷強徵十五萬民工去修建黃河大堤，老百姓積攢的憤怒終於到達頂點。

之前受歧視的屈辱，被奪走家產的不甘心，都在此刻化為勇氣，讓他們拿起棍棒、鋤頭，冒著生命危險去推翻元朝。

白蓮教等民間宗教團體帶頭組織造反，他們在各地有幾百萬教眾，起義軍很快就遍布全國。

推翻元朝！
推翻元朝！
推翻元朝！
推翻元朝！
推翻元朝！

其他反元勢力也很多，大家看天下大亂了，紛紛進來摻和一把。

有鹽販子嫌錢多得沒處花，造反；有地主想光宗耀祖，造反；就連到元朝來做生意的外國人，都趁機叫上自己的護衛反了一把。

當時在位的皇帝是元惠宗，他看著這遍地的反元勢力，自知很難一個一個收拾乾淨，決定先坐山觀虎鬥。

反正這些人造反，說到底是為了當皇帝，但皇位就只有一個，各個反元勢力遲早會開始互毆。

元惠宗只要等他們打得兩敗俱傷，然後坐收漁翁之利就好。

從某種意義上來說，元惠宗賭對了，各路起義軍很快就開始自相殘殺，教主、鹽販子、地主、外國人，統統都嚥了氣。

但他猜中了開頭，沒猜中結尾。

本以為收拾殘局就好，但屍山裡爬出一個活蹦亂跳的朱元璋。

朱元璋原名朱重八，他在連年災禍中家破人亡，恨透無能的元朝，所以他加入紅巾軍。

而且，他還改了一個名字來表示決心，「璋」是一種尖銳的玉器……

之後十幾年間，他一邊忙著宰掉「長官」往上爬，一邊對付其他的起義軍，成為大亂鬥的最終贏家。

朱元璋占領了南方的半壁江山，帶著一群足智多謀的手下，還有一支身經百戰的大軍，揮師北伐。

曾經讓全世界顫抖的蒙古軍隊，在朱元璋面前竟然不堪一擊，幾萬、幾萬地送人頭。

朱元璋於西元一三六七年出擊元軍，次年八月就攻陷元朝心臟——大都，還占領北方大部分地區。

世人第一次意識到，原來蒙古鐵騎不僅進攻的速度快，兵敗時跑得也挺快的。

以大都易主為標誌，元朝正式宣告滅亡，朱元璋也建立明朝，成為新的統治者。

過氣皇帝元惠宗，匆匆忙忙收拾行李家當，帶上老婆、孩子逃回草原。

那裡也是一百多年前，他祖宗成吉思汗起兵的地方，元惠宗用行動完美地詮釋了「哪兒來的，就回哪兒去」。

從忽必烈建立元朝，到元惠宗拍拍屁股開溜，這個王朝只存在九十多年，對蒙古人來說，就像做了一場好夢……

然後被人一巴掌拍醒，發現眼前還是那片草原……

4

明朝篇（上）

伴君如伴虎

西元一三六八年正月，朱元璋站在南京的大殿上，看著下面跪拜行禮的大臣們和排列整齊的士兵，萬千感慨湧上心頭。

二十多年前，他還是一個普通農民，本該過著放牛的生活。

但元朝的暴政和天災，讓他的家人一個接一個死去，走投無路的他只能跑去參加起義軍。

朱元璋邊招人當手下，邊靠著殺人往上爬。

在血腥的戰爭中，局勢變幻莫測，曾經對朱元璋最忠心的人，後來卻背叛了他，想殺掉他。

曾經效忠朱元璋死敵的人，也會跑過來投誠。為了活到最後，朱元璋只能讓自己變得冷血又多疑。

投軍十幾年後，他已經坐擁南方的半壁江山，登基稱帝，建立明朝。

朱元璋不信任在下面為他歡呼的大臣們，但他還需要依靠大臣們的能力來奪取另一半江山。

接下來，朱元璋和手下們一起，徹底打垮已經腐朽到極點的元朝。曾經做為統治者的蒙古人，逃回他們的大草原。

其他的起義軍、地頭蛇也統統被消滅乾淨，明朝終於平定天下。

大臣、將軍們看著朱元璋，心想：

我們出了這麼多力，陛下肯定要好好賞賜我們，祖傳爵位、年薪百萬都不過分吧？

朱元璋看著大臣、將軍們，心想：

這幫人太厲害了，要嘛聰明絕頂，要嘛能打仗，能把我一個普通農民捧上皇位，要是改天他們想換個人捧，那我明朝不就掛了？

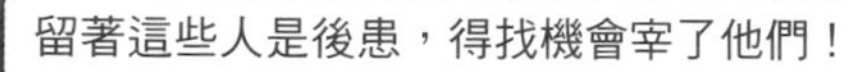

雖然朱元璋心裡動了殺念，但表面功夫還是做得很到位，他把該封的官都封了，該給的賞錢都給了，還發了很多免死金牌。

大臣們都很開心，完全沒領會到朱元璋的真實想法，開始享受自己的快樂生活。

胡惟庸就是最快樂的人之一，仗著自己是丞相，瘋狂濫用職權，各部門上呈的奏章他都要先過目，對自己不利的就扣下來，不讓朱元璋看到。

胡惟庸日漸驕橫跋扈，竟然不請示皇帝，擅自決定官員的生殺升降。這樣一來，大臣們都忙著巴結他，差點忘了明朝是姓朱的。

鬧得最歡，死得最快，胡惟庸很快就成為刀下鬼。西元一三八〇年，朱元璋下令誅殺胡惟庸和他的同夥們。

在朱元璋眼裡，所謂同夥不一定代表幫胡惟庸做過壞事，只要他覺得這個人有威脅，然後這個人又和胡惟庸有過往來，哪怕只用眼神對視過，那這個人也算胡惟庸的同夥。

在胡惟庸這樁案子裡，三萬多人受牽連被殺，大多是開國功臣和他們的家屬。

大家可能要問了，朱元璋不是發了很多免死金牌嗎？怎麼還是砍人家的腦袋？這就類似於今天的「最終解釋權歸發行方」，免死金牌不能免謀反罪。

朱元璋開始亂給人扣謀反的帽子，反正叫手下抄抄家，再用點酷刑，總能找到所謂的證據。

胡惟庸案中，被殺死的不只有這三萬人，還有中國延續千年的丞相制度，朱元璋宣布永久廢除丞相這個職位。

丞相又稱宰相、相國，是皇帝手下的最高行政官員，總攬各部門的事務。現在朱元璋廢掉丞相，就能讓大權都集中在皇帝手裡。

胡惟庸案後，又相繼鬧出空印案、郭桓案和藍玉案。

這四樁案子的起因、性質各不相同，相同的是到最後都演變成瘋狂株連、濫殺大臣的結局，近十萬人在四大案中喪命。

四大案的審理（殺戮）過程中，朱元璋的一支近衛親軍出很多力，逮人、抄家、用刑一條龍包辦，經常加班工作，「服務態度」良好。

寧殺錯，不放過，懂了嗎？
懂！
懂！

朱元璋索性把他們組織成一個特務大隊，就是無人不知的錦衣衛。

錦衣衛日夜監視著百官，大小事都直接對朱元璋報告。錦衣衛恐怖到什麼程度呢？

某大臣晚上在自己家發脾氣，朱元璋第二天就拿出一幅他生氣的畫像。

某大臣在自己家裡作詩：「四鼓咚咚起著衣，午門朝見尚嫌遲，何時得遂田園樂，睡到人間飯熟時。」朱元璋第二天對他說：「昨天作的詩不錯，不過我沒有『嫌』啊，改成『憂』字如何？」

錦衣衛還可以不經其他部門批准，直接抓捕任何人，扔進大牢裡施以酷刑。不招？直接把你虐到死為止；屈打成招了，那也是要被處死。

往往錦衣衛敲開誰家的門，誰家就是滿門抄斬的下場。在人們心中，錦衣衛比牛頭馬面和黑白無常還嚇人。

朱元璋搞恐怖統治，說白了還是為了孩子，他覺得把手下治得服服帖帖後，後代就能高枕無憂了。

問題是兒子不領爹的情，他的嫡長子，就是未來將要接班的太子朱標，性格寬厚仁慈，為了朱元璋濫殺大臣的事情，沒少和朱元璋頂嘴。

朱元璋有時候真的很生氣，氣太子不懂事，但他很喜歡聰明伶俐的太孫──朱允炆。

而且嫡長子繼承制是中國的傳統，太子不能隨便換人，所以朱元璋氣歸氣，始終沒有廢掉這個太子。

可能是想最後再氣老爹一把，太子身體不好，壯年就因病去世了，讓朱元璋體會了什麼叫「白髮人送黑髮人」。

沉浸在悲痛中的朱元璋，看都沒看其他兒子一眼，直接決定把皇位跨代傳給孫子朱允炆。

西元一三九八年，朱元璋去世，同年朱允炆登基，史稱建文帝。
他上臺後發現，爺爺留給自己的江山其實並不牢靠。

朱元璋把功臣都給殺掉了，但邊疆得有人看著，誰去呢？只能是自家人啦！建文帝的叔叔們，之前都被封為藩王，領著軍隊去鎮守全國各地。

朱元璋跨代傳位的操作，讓很多藩王心裡不爽，覺得老爹實在太偏心了。而繼承皇位的朱允炆，也看這些藩王叔叔們不順眼，覺得他們手握重兵，對自己的皇位虎視眈眈。

於是，朱允炆在幾個親信的建議下，開始一個一個清理藩王叔叔，要嘛殺掉，要嘛剝奪他們的皇族身分。

剛開始還滿順利，直到他碰見四叔朱棣……

朱棣原本鎮守北方，常年在戰場的血海裡摸爬滾打，沒打算伸出脖子給朱允炆砍，索性起兵造反……

從雙方當時的兵力來看，建文帝的兵比較多，但老話說得好，「兵熊熊一個，將熊熊一窩」。

由於朱元璋幾乎殺光功臣，建文帝手底下的大部分將領都沒有朱棣那麼能打。

其結果是，建文帝這邊幾萬、幾萬地送人頭，幾場仗下來，朱棣的叛軍不僅沒有被滅，勢力還愈來愈壯大，一點點逼近南京城。

朱允炆眼見大勢已去，一把火燒了宮殿。從此朱允炆的下落也成為一個謎（一說他縱火自焚而死，一說他改換僧裝，從地道逃生）。

於是，朱棣順理成章登基成為皇帝，史稱明成祖。

因為自己得位不正，朱棣每天都活在恐慌之中。

他怕朝中大臣背地裡罵自己是反賊，也怕建文帝哪天又冒出來，把皇位搶回去。

可能是遺傳的原因，朱棣和朱元璋一樣，都是用恐怖統治來打消自己的恐懼。

殺掉所有反對他的大臣，有人被誅十族，有人連老家的百姓都被殺光。

為了監視、打壓大臣們，朱棣還需要更多特務，老爸留下的錦衣衛都不夠用了。

稍微有點不服管教的嫌疑人，都會被東廠抓去用酷刑逼供。最搞笑的是，東廠辦公室居然掛著大型的岳飛像，以示自己是為國為民不惜犧牲的忠臣……

雖然說手段凶殘了點，但朱棣工作還是滿努力的。

他非常重視考察民情，一上臺就派遣御史巡視天下，監察百官。對於那些不上報民間疾苦的官員，他一律抓捕嚴懲。官員們看看東廠和錦衣衛的刑具，非常自覺地照辦了。

在文化方面，朱棣召集朝臣文士和四方的學術大師來編寫百科全書《永樂大典》，全書正文二萬二千八百七十七卷，約三．七億字……

為了恢復和發展中國與海外諸國的關係，朱棣派鄭和組建一支當時地球上最龐大的船隊，船隊主體一般由六十二艘大、中號寶船組成，隨員多達二萬七千八百餘人。

船隊先後七次遠航，經過三十多個國家和地區，最遠曾經到達非洲東岸肯亞的蒙巴薩，所到的海外國家都為明朝的強大所折服，紛紛答應稱臣上貢。

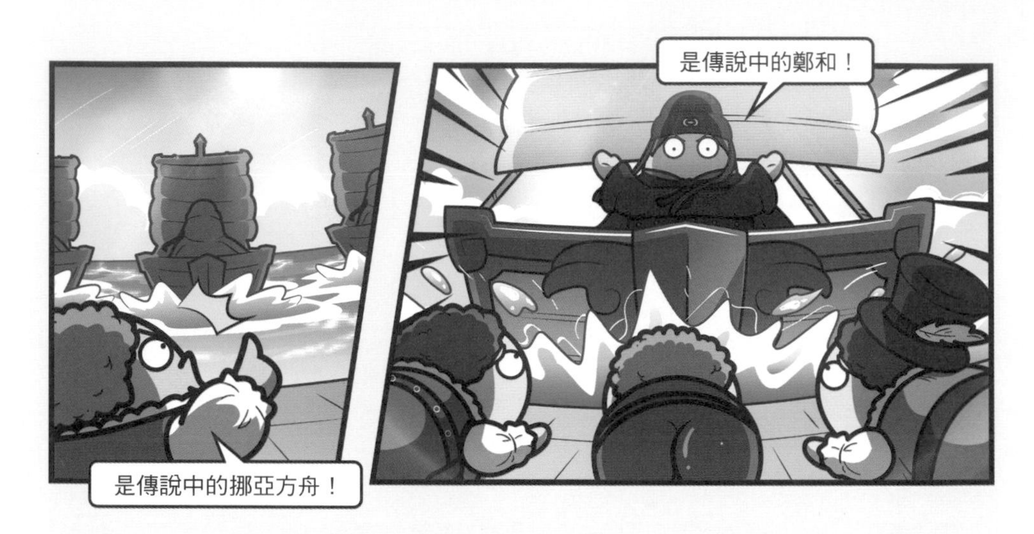

由於朱棣同學精力有限，修書、航海這些事，他只能在金錢和精神上支持大臣們，沒辦法體會參與其中的樂趣。

朱棣把主要的精力放在老本行——打仗上！

蒙古人逃回草原後，依然懷念中原的繁華，時不時就到邊界騷擾一下，他們理所當然成為朱棣的沙包。

朱棣五次御駕親征蒙古，都一大把年紀了，還鑽草原入大漠，風裡來、雨裡去，也真夠拚了。

為了做到喊打就能打，朱棣做了一個影響深遠的決定，他力排眾議，把國都從南京遷到北京，因為北京離前線更近。在沒有電話的年代，和蒙古打起仗來，皇帝坐鎮北京更方便指揮，風險與收益同在。

在朱棣的亂拳痛打之下，蒙古各部落都只剩一口氣了，短時間內再難形成威脅，明朝的勢力範圍也隨之擴大。

雖說此時的朱棣風光無限，但他也有自己的煩惱。歷史總是驚人地相似，朱棣和老爸朱元璋一樣，在繼承人問題上感到頭痛。

擺在朱棣面前的是一個他不怎麼喜歡，而且身體多病的嫡長子，一個他視為掌上明珠的孫子，還有其他對皇位虎視眈眈的兒子。

如果按照之前的劇本，「靖難之役 2.0 版」將會上演……

5

明朝篇（中）

不願住皇宮要住動物園的皇帝

西元一四二四年，朱棣第五次率軍遠征蒙古。

已經六十四歲的他，深知自己的時間已經不多了，只想在死前留下一個安寧的邊疆給後代。

第五次遠征毫不意外地又贏了，蒙古人一點和他打的勇氣都沒有，直接逃得連影子都看不見。

但做為勝者的朱棣，卻再也沒能回到北京城，他病死在路上。

從理論上來說，太子朱高熾是唯一的合法繼承人，但實際上，次子朱高煦也緊盯著皇位。

朱高熾自幼飽讀聖賢書，非常溫和、仁厚，和他那個多疑又狠心的父親三觀非常不一致。

每回朱棣要開殺戒，他就去唱反調。

再加上朱高熾是一個大胖子，又多病、跛腳，很不討朱棣的喜歡。

朱棣之所以立他為太子，主要還是因為嫡長子繼承的制度在某種程度上制約著他。

而次子朱高煦長得帥、會打架，人聰明，還很聽話，會哄朱棣開心。

朱高煦從小跟著朱棣南征北戰，是朱棣的貼心小棉襖，軍隊裡面的武將和他的關係也很好。

朱棣年紀大了之後，一直在考慮要不要換朱高煦當太子。

朱高煦抓準時機，想盡辦法設陷阱給哥哥，今天打小報告說哥哥不忠，明天吹耳邊風講哥哥勾結大臣。

朱棣好幾次發怒，差點廢掉朱高熾……

因為朱高熾並不弱，仁厚的性格吸引大批飽讀聖賢書的文臣。
這些人無條件忠於他，其中的主力要屬「三楊」，即楊士奇、楊榮、楊溥。

有一次朱棣出征回來，朱高熾派遣迎接朱棣的官員遲到，本就看他不順眼的朱棣勃然大怒，抓了許多偏向朱高熾的大臣，楊溥就是其中之一。

只要把鍋都甩給朱高熾，楊溥就能被從輕發落。

但他沒有這麼做，他只是在獄中一股腦兒地讀書，一關就是整整十年。

楊士奇雖然沒有被捕，但也被朱棣叫來質問。楊士奇冒著掉腦袋的風險，就說迎駕來遲都是大臣們的錯，和朱高熾無關，朱棣這才消氣。

在這些大臣的捨命保護下，朱高熾次次涉險過關，沒被朱棣拉下太子之位。再加上他有一個聰明機靈的好兒子，朱棣雖然不喜歡朱高熾，卻把孫子當作掌上明珠，感覺這娃娃以後會是一位明君。

朱棣思來想去，還是決定按原計畫交班，反倒是圖謀不軌的朱高煦，要做為藩王去鎮守外地，被打發出京城。

但朱棣死在征途中，而軍隊中都是朱高煦的死黨，朱高煦只要得到情報就可以立刻起兵篡位。

楊榮這次做為文臣隨軍出征，朱棣死後，他建議祕不發喪。

然後，楊榮悄悄把消息告訴朱高熾，等到朱高熾登基了，朱高煦才反應過來。

前面說過朱高熾身體不好，皇位都還沒坐熱就病死了，他兒子朱瞻基的在位時間也不算長……

但這父子倆都是好皇帝，非常勤政愛民，對待手下也很仁慈。

之前因為反對朱棣篡位而死的大臣都在這一時期一一得到平反；被牽連而流放的人也被允許返回原籍。

要知道，在古代，推翻自己父親、爺爺留下的命令，是需要很大的勇氣的。

更重要的是，這對父子沒有朱棣那種對戰爭的狂熱態度，他們盡量維持和平，不打沒有必要的仗，以減輕老百姓的負擔。

例如他們與蒙古各部落修好，在邊境開集市進行買賣。

蒙古人也覺得拿牛、羊換東西，比拿命去搶劫方便點，所以邊境被騷擾的機率就小了。

但有人造反還是得管，可憐的魯蛇（失敗者）朱高煦在朱瞻基上位後，終於下決心造反，誓要再演一遍「靖難之役」。

結果自己演技太差，堅持沒多久就戰敗了，還被侄兒活捉回去……

只要少打仗不折騰，讓老百姓休養生息，勤勞的人們總能自己創造幸福生活，於是，明朝一片繁榮，史稱「仁宣之治」。

這種盛世局面不僅歸功於兩位皇帝，也歸功於「三楊」，這三位大臣先後進入內閣工作……

內閣的誕生和朱元璋有關，他老人家廢掉丞相一職，發揮勞動精神，什麼事情都自己做。

朱棣接手後發現，每天處理政務累得要命，所以他設置由多名官員組成的內閣當祕書處兼參謀部，協助他處理政務。

人都是有惰性的，皇帝有手下幫忙就會變懶，今天叫內閣多管點事，明天叫內閣再多管點，不知不覺中，內閣的權力就變得很大。

而內閣之中，理論上，大家平等相處。但實際上，內閣成員總會論資排輩，默認推舉出一個領袖，例如內閣中的楊士奇。

此後，這個傳統演變成正式制度，內閣首領被稱為「首輔」，實際上總攬大權，等於丞相一職又復活了。

當時，明朝的最大威脅還是蒙古人。雖然明朝試圖與他們和平共處，但他們沒有放棄騷擾明朝。畢竟，他們在元朝時期享受過在中原當大爺的日子，現在又被趕回草原，非常不甘心。

到朱棣的曾孫明英宗在位時，麻煩來了。蒙古騎兵大舉南下，燒殺搶掠，沿途守軍接連戰敗。這消息傳到明英宗朱祁鎮的耳朵裡，他匆匆忙忙地決定御駕親征。

大家不要誤會，朱祁鎮不像他曾祖父一樣能打，也沒指揮過軍隊，論戰鬥力基本上是個草包。

他之所以急著御駕親征，是受了宦官王振的唆使。

朱祁鎮繼位時才九歲，宦官王振一直服侍在他左右，盡心盡力地伺候他十多年，所以深得他的信任。

經歷四朝的「三楊」相繼去世後，王振立刻就硬氣起來了，在朝廷裡作威作福，官員見了他都要下跪。

這回蒙古來犯，王振又想嘗嘗建功立業的滋味，於是催著朱祁鎮出征，還要來了大軍的指揮權。

在王振的瞎指揮之下，五十多萬明軍疲於奔命，一會兒往東、一會兒往西，糧草又跟不上，明軍將士又饑又渴，疲憊不堪。

蒙古人還天天跑來襲擊，每回都殺掉明軍一些人馬。西元一四四九年八月十五日，在土木堡這個地方，明軍被蒙古兵徹底打垮。

一仗下來，精銳部隊幾乎全軍覆沒，隨行的文武大臣死傷慘重，連朱祁鎮都當了俘虜，勢不可當的蒙古兵們用刀鋒直指北京。

朱棣同學要是知道自己死了僅二十五年後，蒙古人就抓走自己的曾孫，還直接打到北京城下……

所幸朱棣當年把都城遷到北京，剩下的大臣認為城破就等於亡國，絕對不能往後退，於是，他們心一橫，趕緊立了一位新皇帝。

這位新帝是朱祁鎮的弟弟——朱祁鈺。緊接著，朝中大臣迅速收拾好殘兵敗將，準備和蒙古人拚命。

被逼急的明軍要拚命，而蒙古人只是想搶一把就走，沒打算把命搭進去。這氣勢就低了一截，於是蒙古人連輸 N 場，又一路退回草原老家。

當然，還有一個歷史遺留問題，朱祁鎮要怎麼處理呢？

蒙古人為了示好，想送朱祁鎮回去，但已經當了皇帝的朱祁鈺不願意。

他說是派人去接朱祁鎮，但不給贖金，連正式國書都不寫。這樣一來，蒙古人也感覺被冒犯，就繼續關著朱祁鎮。

喲，看來你們兄弟倆的感情也不怎麼樣嘛！

不過朱祁鈺沒有想到，大臣們的榮譽感很強，覺得有位皇帝在敵人手裡，自己就算去了下面都沒臉見朱元璋。他們用自己的錢買了一些衣物用品給朱祁鎮，對蒙古人一頓糊弄，硬是連哄帶騙把朱祁鎮帶回來了。

這下好了，明朝又要為新問題頭疼了……

朱祁鈺表示這種情況好辦：他直接把哥哥關起來，門不讓出，飯不給吃，天天盼著哥哥死……

然而，老天爺最喜歡開玩笑了，哥哥朱祁鎮明明是囚犯，弟弟朱祁鈺養尊處優，吃香喝辣……身體反而先垮了。

朱祁鎮趁著弟弟病得不省人事，發動政變，重新上位，再次君臨天下，史稱「奪門之變」。朱祁鎮的人生真可謂是大起大落啊！

如果說朱祁鎮豐富的人生經歷中有被時勢推動裹挾的成分，那麼他的曾孫，真的就是自己找刺激了。

朱厚照最討厭規矩，不願意住在紫禁城裡，跑去改建皇家動物園「豹房」，到處蒐羅美女送進去，整天泡在那裡不回來。

有一年的元宵節，紫禁城起火了，他還特別高興地圍觀，說了句：

朱厚照還有各種讓人哭笑不得的愛好，他明明不缺錢，卻喜歡裝小販，在宮裡擺攤賣破爛……

朱厚照釣到魚贈給大臣，然後又向他們要錢……

西方人流行看奴隸搏鬥，他喜歡自己下場和猛獸對毆……

最讓大臣們吐血的是，某天，他突然興起稱自己為忽必烈，大臣們一臉懵，原來你是元朝皇帝啊？

西元一五一九年，朱厚照又找到新的取樂機會。
他收到消息，寧王率軍十萬在南方叛亂，他立刻宣布御駕親征。

但他出了北京還沒走多遠，又收到新的戰報：這場叛亂持續不到一個半月，已經被一個地方官員平定，您不用去了。

朱厚照有點不爽，心中暗罵：是哪個無名小卒敢掃老子的興？

6

明朝篇（下）

皇帝竟然三十年不上朝

西元一五一九年，愛找刺激的明武宗朱厚照，開開心心地帶著大軍離開京城，準備去平定南方的叛亂。

他滿心期待這次出征能建功立業，結果出家門沒多久就被告知，提督南贛軍務的都御史王守仁已經把十萬叛軍全滅掉了，總共才花一個半月時間。

朱厚照和他的手下們都有點摸不著頭緒，一是因為王守仁並非一流武將，以前也就帶人剿剿匪，平叛這種重活他從沒做過。

二是因為發生叛亂的江西並非邊境地區，沒有多少精銳部隊駐紮。王守仁怎麼這麼快就平叛了呢？

朱厚照沒想到的是，王守仁這個小小的都御史身上蘊藏的能量遠超過他這位皇帝，在之後的幾百年裡，影響了整個世界。

王守仁，號陽明子，所以又稱王陽明。

他家庭條件不錯，經常遊歷各地拜訪名人、大師，年輕的王守仁發現，很多大家都熱愛理學。

理學是儒家學說的一個流派，要求人們克制自己的欲望，從萬事萬物中探尋天理……

王守仁很相信理學，他為了探尋天理，去「格」屋外的竹子，在竹林裡苦思冥想了七天，竹子的道理沒有「格」出來，反倒差點把自己給折騰死。

病了一遭的王守仁，對程朱理學產生疑惑，開始覺得天理不在萬物中。於是，他轉投儒家學說的另一流派——與理學對立的心學。

心學認為天理不在萬物，而在於人的內心，在此基礎上，王守仁又提出新的理論……

所謂知行合一，就是討論理論與實踐的關係，王守仁認為二者不可分離。

例如，心存善念卻從未有過善行，自然也稱不上善人。

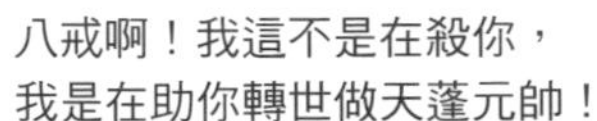

而所謂的致良知，就是每個人的內心都有良知，人會愛他人、為他人著想，並非完全自私自利。

人要在知行合一的實踐中，將惡意完全消除，最終做到凡事都按自己的良知行動，成為聖人。

而王守仁的學說被統稱為陽明心學。

王守仁不僅能文還能武，西元一五一六年，他被舉薦為都察院右僉都御史。

這是一份十足的苦差事，轄區裡多山且民風剽悍，三天兩頭就有盜匪搶掠，前任巡撫就是嚇得直接裝病離職，反正局面也無法收拾。

王守仁來了後就開始玩套路：你進攻，我就堅壁清野，死守；你防守，我就斷你水、斷你糧；你逃跑，我就抄你的後路……

這些盜匪被王守仁折騰得死去活來，最後都高舉雙手放棄抵抗。

但王守仁很快遇到新的挑戰，江西南昌的寧王發動叛亂，寧王號稱有十萬兵馬，目標是奪取皇位。

王守仁手頭上的人只夠在山區裡剿匪，要正面對抗叛軍是萬萬不行的。

如果放任不管，叛軍就會進攻戰略要地南京，繼續擴張勢力，可能會發展成一場更大規模的內戰。

王守仁再次發揮折磨人的本領，他到處放出假消息，說南京早有準備，各路大軍將會陸續到達，嚴陣以待。

叛軍被糊弄得不敢行動，在南昌傻坐了半個月，王守仁趁機調集各省人馬，勉強湊出來一支軍隊。

叛軍發現自己上當，氣呼呼地跑來打王守仁，老王又一次戲耍他們，直接進攻南昌，把叛軍的老巢給占了。

叛軍又掉頭回來救援，兩軍在黃家渡決戰。最終，王守仁全殲叛軍，還把寧王抓了。

任性的朱厚照先生得知叛亂已除後並不開心，還是決定跑到江西來平叛，非要王守仁把叛軍頭頭放了，自己再親自抓一次。

從理論上說，皇帝的命令，王守仁服從就是了。把朱厚照哄開心了，對王守仁升官發財也有好處。

但他知道，朱厚照和朝廷大軍的吃的、喝的，都需要向老百姓要。現在皇帝還想再打一仗，這不是胡鬧嗎？

他冒著殺頭的風險拒不從命，為黎民百姓據理力爭。

最後，王守仁提出一個要求，希望能夠將寧王送到南京，在那裡舉行獻俘儀式。

朱厚照妥協了。在南京的一片寬闊的廣場中，朱厚照命令手下放了寧王，僅過了幾秒鐘，寧王又被抓了起來，重新關進牢房。

小乖乖，你在哪裡呀？

南方的百姓，因為王守仁而免於各種戰亂，也躲開朱厚照的折騰……

所以，他們將王守仁奉為聖人，尊稱為「大明軍神」。

對王守仁而言，他也實現自己的目標——「致良知」。

王守仁的哲學思想和事蹟流傳到亞洲各國，啟發無數人。王守仁的崇拜者和追隨者中，有不少人都成就大事業。

甚至其中的一些人還改寫了歷史。

就拿日本來說，開啟日本近代化的「明治維新」，其領導者多熟讀王守仁著作，信奉和傾向於陽明心學。

王守仁的精神，在海內外生根發芽、茁壯成長。

但明朝，正一天天走著下坡路，在調皮小祖宗朱厚照之後繼任的明朝皇帝們，也是一個比一個難伺候。

後來又出了一個熱愛修仙的傢伙，他讓來路不明的道士當大官，天天忙著煉丹……

還有給自己放長假的皇帝，近三十年不上朝，大臣們都快忘了皇帝長什麼樣子了……

後來又出了一個木工愛好者，不看奏章，不批報告，就忙著把一堆木頭裝了拆、拆了裝，真把自己當魯班了……

皇帝不怎麼勤政，朝廷的權力分配就會有問題。

本應做為皇帝祕書處的內閣，成為實際上的政務處理中心。內閣的領袖──首輔，有時候甚至能騎在皇帝頭上。

有一任首輔叫張居正，他當內閣首輔時，皇帝還年幼，所以他大權在握，天不怕地不怕。

有次他監督皇帝讀書，然後皇帝念錯了，把「勃」字念成「ㄆㄛ」，張居正大吼一聲「要念ㄅㄛˊ」，把小皇帝嚇得差點閃尿。

雖然內閣首輔會搞專權，但他們都是文化人，其中不少都做了有利於明朝的實事。

敢吼皇帝的張居正就進行著名的「張居正改革」，透過加強官員考核來提高朝廷的效率，透過一系列的政策鼓勵商業發展，減輕老百姓的勞役。

而漸趨強大的宦官勢力，就真是什麼好事都不做了。

明朝中後期，皇帝日漸昏庸，愈來愈寵信身邊的宦官，導致宦官從皇帝的奴僕變成帝國的掌權者，開始大肆干涉朝政。

做為既得利益者的內閣，當然不答應。

然而，內閣首輔見完皇帝要回家，宦官則日夜陪皇帝吃喝玩樂，你說皇帝和誰親？所以，內閣往往鬥不過宦官。

很多讀者都看過《新龍門客棧》，劇情是武林中的大俠們和邪惡的太監對打。

這個故事的背景就是宦官專權的明朝中葉，太監們控制了錦衣衛、東廠等特務機構，瘋狂殺害反對他們的人。

當然，內閣或宦官奪權的前提都是皇帝自己不太行，後來明朝出了一位厲害皇帝。

朱由檢這人心機極深，喜歡溫水煮青蛙，他上臺後先裝傻，對魏忠賢示好，一邊慢慢殺掉魏忠賢在朝中的走狗。

等把魏忠賢的走狗清理得差不多了，再直接殺魏忠賢本人，魏忠賢這時想反抗也反抗不了。

朱由檢沒有任何不良嗜好，對國事又非常上心，經常通宵批閱奏章，操勞得二十多歲就白髮叢生。

他平時也非常節儉，衣服破了都捨不得扔，叫皇后幫他打個補丁再繼續穿。

單純就個人品德而言，朱由檢能稱得上是一位明君，但他面前的這攤子實在太爛了，真的收拾不了，就算朱元璋來了都未必撐得住。

這時，女真，就是後來俗稱的「滿人」，已經在東北地區崛起，建立後金政權，他們不停派兵來搶明朝的地。

然後又碰上氣候劇變，連年災荒，物價飛漲，老百姓吃不飽，但稅還是要照交。

因為朝廷收不到稅錢就沒有軍費，朝廷沒有軍費就抵擋不了後金。

吃不飽，還要交稅，老百姓就只能造反了。一時間，國內出現無數支起義軍，再加上一直沒消停的後金，明朝身陷多線作戰的局面，也掉進一個惡性循環：想鎮壓起義軍，就要增兵，增兵就要增加軍餉，增加軍餉就得多收稅，這樣又逼得更多老百姓造反。

到了這個地步，剩下的問題就只有一個了 ——

事實證明，農民起義軍的速度比較快。

西元一六四四年，闖王李自成帶領農民起義軍，建立大順國，然後發兵攻打北京。

朱由檢本來還想掙扎一下，他手下的部分文武大臣竟然直接「放棄治療」了，「國防部長」親自打開城門投降，東廠提督跑到李自成跟前帶路。

徹底絕望和心寒的朱由檢，命皇后自縊殉國，親手殺掉自己的女兒，以免她們受辱。

他則找了一棵歪脖子樹上吊自殺，還算是一塊硬骨頭。

皇帝已死，都城陷落，明朝二百七十六年的歷史也在這裡畫上句號。

朱由檢沒守住朱家的家業，好歹也來了一齣「君王死社稷」，勉強算是能向祖宗交差了。

李自成坐上寶座，摸著永樂皇帝摸過的把手，靠著萬曆皇帝靠過的靠背，露出了淳樸的微笑……

但大家都知道，明朝之後是清朝，不是李自成的大順朝，這中間又發生了什麼故事呢？

7
清朝篇（上）

八旗制度究竟是什麼？

西元一六二六年，四十二歲的明朝將領袁崇煥站在寧遠城城牆上，看著下面黑壓壓的敵軍，心中感慨萬千：二十多年前，這些敵軍還只是明朝的臣屬，如今卻打到門口來索命了！

六十七歲的努爾哈赤站在城牆下，看著高處的明軍，心中也是感慨萬千：二十多年前，自己還在對明朝稱臣，明軍都可以在自己面前當大爺，如今終於要翻身了。

努爾哈赤是女真人，女真這支半漁獵、半農耕的族裔，曾經入主中原建立強大的金朝。

但隨著金朝被蒙古人消滅，他們被迫回到東北老家，該撈魚的還是撈魚，該打獵的還是打獵。

明朝建立時，女真還沒有恢復元氣，別說去招惹明朝了，就連朝鮮都天天把女真當軟柿子捏。

為了討生活，女真人只能選擇歸順明朝。

但隨著國力下滑，明朝對女真人的控制力愈來愈弱，一些女真部落開始趁機反叛。

好在還有一些部落始終對明朝忠心耿耿，打仗時幫忙帶路，攻城時幫忙勸降。

西元一五八三年，出了個意外，事情的經過大致是這樣：兩個親明朝的女真首領跑去勸降反叛的女真首領，還沒勸完，明軍已經直接打進城裡，混亂中把這兩個友軍也殺了。

明軍覺得問題不大，畢竟戰場上刀槍無眼，給一點撫恤金，寫一篇悼文，另外給他封個一官半爵，事情就了結了。

但努爾哈赤覺得問題很大，因為這兩位女真首領分別是他爺爺和他爹……仇恨的種子就這麼埋下了。

隨後，努爾哈赤拿著爺爺和爸爸留下的十三副盔甲，帶著一群親戚、朋友，踏上了創業征途。

他們每天只做三件事：吃飯、睡覺、殺人。

女真各部落先後被努爾哈赤吞併。

投降了！投降了！別打了！

勢力壯大後，努爾哈赤直接宣布建國，恢復當年金朝的國號，史稱「後金」。

一起被復活的還有金朝的傳統制度「猛安謀克」，就是把族人按血緣和居住地分成很多組，平時一起做事，戰時一起上陣。

努爾哈赤改造一下猛安謀克制，並且換了我們都熟悉的名字——

每三百個女真壯丁編為一牛錄，五牛錄為一甲喇，五甲喇為一固山，一固山即為一旗。後來隨著人數增多，每旗所轄甲喇的數目也不時有所增多。

萬曆四十三年，努爾哈赤將手下的女真人擴建為八旗，歸屬不同旗的士兵，使用不同圖案的旗幟。

八旗中的正黃、鑲黃二旗，是努爾哈赤直接管理。其餘六旗，則是由努爾哈赤的子侄統領。

八旗旗主平時當行政官員，抓生產、抓紀律；戰時當將軍，指揮旗人上陣殺敵，這就保證旗主對手下們的絕對控制力。

有八旗做為資本的努爾哈赤，開始搶地盤、收小弟，草原上的蒙古就是他的目標之一。

經過數次戰爭，一些蒙古部落被打到求和，另一些蒙古部落則是眼見努爾哈赤太強，直接選擇和他結盟，很多蒙古貴族都因此與女真貴族聯姻。

蒙古幾百年前滅金朝的仇，努爾哈赤算是報了，當然，他還有殺爺、殺父之仇沒報。

後來，努爾哈赤又對明朝宣戰，把矛頭對準自己曾經的主人。

事實證明，明軍也不太行了，面對努爾哈赤的軍隊，他們連戰連敗，很快就丟掉東北大部分地區。

努爾哈赤戰無不勝，一路高歌猛進，直到他在寧遠城碰見袁崇煥。

袁崇煥這人不怎麼怕死，有堅守到底的決心，而且他非常聰明，精通防守之道。

最實在的是，袁崇煥有先進的武器——大炮，你來，我就轟你，使勁轟！

努爾哈赤沒有大炮，只能叫手下在城牆上鑿洞以進城，那個年代沒有坦克，直接用肉體頂著炮火衝鋒，「遊戲體驗」肯定是糟糕的！

幾天下來，後金軍隊連寧遠的牆磚都沒摸幾下，屍體已經堆成山。這是努爾哈赤征戰以來，遭遇最慘痛的失敗。

根據某些史料的記載，他本人還挨了一炮，幾個月後傷重不治而死。

但可以肯定的是，寧遠之戰不久後，努爾哈赤就去世了，他的兒子皇太極接班。

新人新氣象，皇太極上任後搞了一系列改革，先是把女真改稱滿族，增加女真各部族間的團結度。

將手下的其他民族也按八旗制管理，增設蒙古八旗和漢八旗，他還換掉「金」這個國號，改為「清」。

自夏朝起，中國的大地上已經誕生許多個王朝，總是在強盛後走向衰敗，新王朝又會取代舊王朝……

說回剛誕生的清朝，改名歸改名，工作還是要繼續做。
皇太極帶著手下們，接著和袁崇煥等明軍將領鬥智鬥勇。

總體上說，兩邊打得有來有回，雖然清軍很猛，但明軍是防守方，有堅固的長城和各種火槍大炮，讓清軍非常頭疼。

皇太極很難帶人突破明軍防線，即使翻牆過去，也只能搶一把就走。後來，皇太極使出反間計，散布袁崇煥「私通」後金的謠言，明朝皇帝果然中計，冤殺了袁崇煥。明朝自毀長城，再也無法阻擋八旗軍隊南下的腳步。

而且這時，明朝的敵人不只有清朝。

由於官員腐敗加上連年天災，明朝各地都出現農民起義軍，就是所謂的「流寇」。

一位大臣曾預言過，「大明若亡，必亡於流賊」。

事實也的確如此，一個名叫李自成的人，搶在皇太極之前，率領幾十萬起義軍，攻破北京城，推翻了明朝的統治。

對清朝來說，這很氣人，倒不是氣沒能親手向明朝報仇……

雖然明朝亡了，但守長城的明軍還在，不會開門放清軍進去分明朝遺產，而這幫明軍的老大叫吳三桂。

吳三桂其實也很頭大，現在的局勢是這樣的：

李自成占了北京，以及西北、華北地區；皇太極的清朝，站在東北地區虎視眈眈。

擺在吳三桂面前的有兩個選擇：

第一，和李自成混，該做什麼就做什麼；第二，投降自己本該對付的清朝，徹底放棄節操。

一說到這個，估計很多讀者就開始激動了，接下來的故事裡，吳三桂「衝冠一怒為紅顏」。民間傳說中，吳三桂的愛妾陳圓圓被李自成的部下霸占，所以吳三桂憤而投降清朝。

事情其實是這樣的，吳三桂大部分家人都在北京城，被李自成扣了當人質，他還是比較傾向於李自成，但要先談談待遇。

李自成沒什麼耐心，決定先賞吳三桂幾巴掌再談，就帶著十萬大軍打了過來。

吳三桂只能應戰，幾回合下來，他發現打不過李自成，這時候，他突然看到一大群清軍出現在自己背後圍觀。

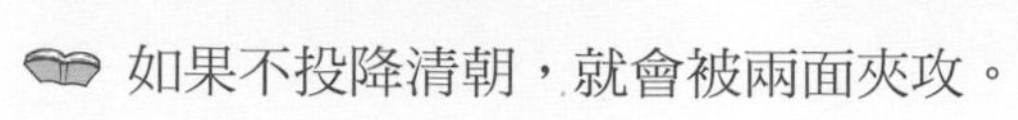
如果不投降清朝，就會被兩面夾攻。

這下吳三桂只用一秒鐘就想明白，馬上決定和清朝混，節操什麼的先放一邊，還是命要緊，命要緊！

吳三桂當天就打開城門，放清軍通過山海關要塞，兩組人聯手擊潰李自成的軍隊。

此後，清朝以八旗為核心，加上吳三桂等漢人降將的軍隊，一步步擴張地盤，全殲了李自成的起義軍。

同時，清朝又將明朝的殘餘勢力趕盡殺絕，繼承明朝的大部分地盤。

然而，皇太極卻沒能等到這一天，他在清軍入關前就死了。皇太極和永福宮莊妃生下的兒子 —— 愛新覺羅．福臨，繼位成為順治皇帝。

當時順治帝還很年幼，真正掌握實權的是皇太極的弟弟——攝政王多爾袞。

多爾袞的辦事能力還行，如招降吳三桂和消滅李自成，就是他策劃指揮的。

清軍剛入關時，紀律相對比較嚴明，沒有燒殺搶掠、招惹百姓，很多百姓也接受清朝的統治。

多爾袞要求全民剃髮，要求全國男性改為滿人的髮型，否則就會被處死，這下可捅了大婁子！

漢人自古就是蓄長髮的，這是民族傳統，強制要求剃髮的政策，被很多漢人視為天大的羞辱。

而且當時多爾袞推廣的髮型，不是我們在清宮劇裡看到的那種「陰陽頭＋大辮子」的樣子……

金錢鼠尾，即把腦袋上的大部分頭髮都剃掉，只留下一小塊頭髮，編一根非常小的辮子掛在腦後。

對今天大多數人來說，這不符合審美觀。如果清宮劇都按這個髮型來拍，收視率估計會暴跌。

當然，清初的漢人也接受不了，他們開始想辦法反抗。
剃髮令推行後，已經歸入清朝的地方，相繼爆發起義。
還在抵抗的那些人，也更加想和清朝死拚到底，局勢瞬間變亂了。

為了保住自己的頭髮和信念，很多百姓豁出了命，拿著鋤頭和鐮刀，都要從八旗那些「職業殺手」身上砍下幾塊肉來，讓清軍非常頭疼。

做為報復，清軍破城後往往會屠城，無論男女老幼全部殺死，這就形成一個仇恨的循環。

所以，造反此起彼伏，今天鎮壓了，明天又反，這裡鎮壓了，那裡又反。

南方地區的情況尤為嚴重，畢竟天高皇帝遠嘛，想管也不方便。

清廷為了穩住南方的局勢，不得不冊封三個漢人降將為藩王，讓他們帶兵世世代代鎮守南方。

這三人分別是靖南王耿精忠、平南王尚可喜，以及我們的老熟人平西王吳三桂，他們又被合稱為「三藩」。

但人們此時還沒想到，清朝的這三個「保安」……

8

清朝篇（下）

為什麼要閉關鎖國？

西元一六七三年冬天，愛新覺羅．玄燁坐在皇位上，滿臉都是惆悵。

他不知道這張寶座還能坐多久，也不知道自己的「康熙」年號還能用多久。

十二年前，康熙的老爸順治皇帝英年早逝，還不滿八歲的他早早就接班。

因為康熙年幼，都是幾位輔政大臣在管事，直到十四歲時，康熙才親政，開始品嘗權力的美味。

康熙才嘗了兩口就感覺想吐了，因為局勢不太妙，當時的主要問題就是「三藩」。

清軍入關後，三位漢人降將被封為世襲藩王，領兵鎮守南方，而這三位藩王，卻有了圖謀不軌的跡象！

康熙上位時，平西王吳三桂守雲南，平南王尚可喜守廣東，靖南王耿精忠守福建。

這三位王爺都不太聽朝廷指揮，在自己的轄區裡橫著走，還敢隨便撤掉朝廷派來的地方官，換成自己的親信，甚至敢私自鑄錢幣。

歸屬三藩的軍隊，也只聽三位王爺的指揮。

康熙心裡清楚得很，藩王們這是準備當地頭蛇，在將來的某天，要嘛造反，要嘛占地建國，所以康熙決心要撤除三藩。

西元一六七三年春，平南王尚可喜打報告要求回東北養老，讓自己的兒子繼承爵位，康熙可算是找到機會了，馬上宣布撤掉尚家這個藩。

聽到這個消息，吳三桂和耿精忠都慌了。

他們沒想到康熙真的敢撤藩，於是，他倆上書假意提出把自己的藩王爵位也給撤掉，想試探一下康熙的態度。

結果康熙可不和他們客氣，你申請，我就批准，二位王爺趕緊退休吧！

既然如此，吳三桂就不客氣了，先假意答應撤藩拖延時間，然後在雲南宣布起兵，打出「反清復明」的旗號，並宣稱當初自己投降清朝是潛伏敵營、忍辱負重……

不久之後，尚、耿兩藩也宣布造反，清朝瞬間就要面對超過五十萬的叛軍。

這還沒完，鎮守西北的將領是吳三桂的老相識，趁亂準備自立，京城北邊不遠處的蒙古部落也來趁火打劫，一時間四面楚歌，康熙迎來地獄難度的皇帝生涯。

事情搞砸了，年輕的康熙自然是有點傷心。

但他冷靜下來發現，其實自己還是有勝算，幾支反清勢力其實是各自為戰……

於是，康熙在他奶奶孝莊太后的支持下，開始發力平叛。對那些湊熱鬧的傢伙，他打算用勸降加招撫的方式先把他們穩住。

然後康熙只需要全力對付吳三桂。

之前的清朝皇帝，對漢軍、漢將大多抱猜忌態度，只敢用滿人為主的八旗軍。

為了快點平叛，康熙力排眾議，起用大批漢軍、漢將。

即便如此，在情況最危急的時候，康熙一度無兵可用。

還得靠孝莊太后出面，靠威望從熟人那裡借來僕人、家奴，勉強湊成軍隊出戰。

康熙都豁出去了，效果也是有的。作亂的蒙古人和西北將領被擊敗，尚、耿兩藩也投降了，只剩下吳三桂這個孤家寡人。

血戰八年後，清朝大軍大破昆明城，將吳三桂的黨羽一網打盡，三藩之亂結束。

雖然叛亂被平定，但這場內戰重創了清朝，硝煙席捲半壁江山，光是士兵就死了幾十萬。

差點搬回東北老家的康熙，開始痛定思痛，想透過改革穩固清朝的統治。

清朝初年的「留髮不留頭」政策，招致大批漢人反感，康熙雖然沒有廢除，但悄悄改為寬鬆執行，好言好語勸你剃，實在不剃就算啦！

像當時的知名學者王夫之就一輩子沒有剃頭，朝廷也沒拿他怎麼樣。

康熙年間，在中國的洋人也在遊記中寫道：
清朝官員都留辮子、穿滿服，但很多老百姓卻不剃頭、穿明朝服飾。

為了讓官員好好幹活，康熙恢復明代的考察制度，對官員的為官操守、行政才能、行政表現等進行考核，三年一考，優秀者才能升職。

康熙還不放心，數次出巡視察，讓沿途百姓直接向自己彙報，根據百姓的滿意度來決定地方官的升遷。

康熙還青睞「藏富於民」的理念，採取減輕徭役、降低賦稅的政策，讓老百姓能夠休養生息。

要是開墾荒地還能享受免稅的福利，這些實打實的好處讓老百姓逐漸接受清朝的統治。

在康熙的治理下，國內局勢逐漸穩定，百姓安居樂業。之後康熙還打贏了三場戰爭：

在東南，將鄭成功後人治理的臺灣納入版圖；在西北，打敗有稱霸野心的蒙古人；在東北，驅逐入侵的俄國軍隊。

康熙的文治武功到這時已達到頂峰。

康熙年間，貪官的生活總體上比較愜意，趕上這麼一個「仁慈」的皇帝。

而且康熙晚年時逐漸懈怠，把「多一事不如少一事」做為座右銘。

出現怠政的情況，原因有三：一是康熙功高而自滿；二是康熙晚年身體狀況堪憂，對朝政有心無力；三是康熙對兒子們爭權的鬥爭感到十分厭倦。

康熙有九個兒子參與了「皇位爭奪戰」，他們和朝中大臣拉幫結派，整天你黑我，我噴你，都想破壞對手在康熙心中的地位，就是俗稱的「九子奪嫡」。

最終的獲勝者為四阿哥胤禛，就是後來的雍正皇帝。

很多宮鬥劇和民間傳說都講雍正是矯旨篡位，說他把康熙遺詔中的「傳位十四子」多加了一筆，改成「傳位於四子」。

這種可能性其實很小，因為詔書除了漢字版，還有對應的滿文版，改一筆顯然行不通。

當然，傳言自雍正時期就有。雍正剛上位時，很多大臣覺得莫名其妙，雍正在九個皇子中不算特別突出，先帝為什麼選擇他？

不知道大家有沒有發現，但凡被人懷疑得位不正的皇帝，幹活都特別勤奮，他們很想證明自己是明君，是天選之子。雍正也是如此，「爆肝」是他的代名詞，整天埋在奏摺堆裡處理政務，從早批到晚，一天只睡四個多小時。

大臣為國事操勞，雍正寫「不但朕，怡親王都心疼你落眼淚」；大臣長期出差，雍正寫「朕亦甚想你」，字字都是真情流露。

不過有一說一，這位很溫情的皇帝為了穩固統治，殺起人來也是毫不手軟。

曾與雍正爭鬥過的兄弟們相繼被他整死，大臣們一旦被查出結黨亂政或貪贓枉法，立刻會被雍正「咔嚓」掉。

那位喜獲「朕想你」的大臣，最後也是被雍正賜死的。

雍正的繼承者乾隆倒沒有這麼恐怖，但也沒有康熙晚年那麼寬鬆，就是取一個中間值，讓大臣老實幹活，又不至於過度恐慌。

乾隆早期也繼承他爺爺和爸爸的基本國策，就是盡力讓老百姓好過點。

該修水利就修水利，該減稅就減稅，該鼓勵開荒就鼓勵開荒，反正照老規矩辦就好。

乾隆晚年時，清朝統治下的人口已經突破三億，大約占當時全世界人口的三分之一，耕地面積不斷擴大，遠超過明朝的耕地面積，糧食產量也顯著提高。

由於國力逐漸強盛，很多歷史學家把康熙到乾隆這段時期，稱為「康雍乾盛世」。

當然，這個盛世是有爭議的。

部分學者覺得，康、雍、乾時期依然有部分百姓生活困難，被地主欺負得被迫造反。

而且軍隊的戰鬥力不斷下降，例如乾隆時期，清朝與緬甸交戰竟然多次吃了敗仗。

還有一點大家都不陌生，當時清朝實行「閉關鎖國」的政策，不喜歡和外界往來。

當時的西方國家正發生劇變，制度、思想、科技都有很大的進步，而清朝沒有跟上世界的潮流，就一點一點落後了。

人們都知道當井底之蛙不太好，為什麼清朝還要閉關鎖國呢？所謂的閉關政策，其實在明朝時期就有了。

當時倭寇頻繁騷擾沿海地區，為了讓倭寇搶不到東西，也為了防止有人私通倭寇，明朝開始大規模銷毀海船，並規定「片板不准下海」。

在此之後，禁海政策就不斷重複著「放寬－收緊－放寬」的循環。

敵人從海上來，那就收緊。康熙和臺灣的鄭成功後代交戰時，就收緊禁海政策，甚至命令沿海居民集體內遷。

當朝廷想從貿易中抽稅，那就放寬。康熙平定臺灣後，就允許民間繼續開展海上貿易。

這個貿易主要還是清朝出口各種特產。

西元一八三〇年到一八三三年，僅英國就從中國進口了二十三・六萬擔茶葉，價值五百六十一萬兩白銀。

清朝進口的商品則比較少，洋人只能在少數幾個港口做生意，還要受清朝官員的嚴格監督。

這造成巨大的貿易順差，其他國家的財富因此不斷流入清朝。

看到這裡大家應該明白了，閉關鎖國是一種自我防禦政策。

然而有得必有失，這種政策讓清朝嘗了甜頭，也隔絕了清朝與外界的聯繫，讓清朝無法看清世界的發展。

清朝對西方國家單方面的貿易碾壓，也讓西方國家對清朝的財富流口水。

為了扭轉貿易順差，也為了進一步打開中國市場的大門，西方列強最終決定下手！

西元一八四〇年，鴉片戰爭爆發。清軍被人數很少的英軍擊敗，清朝被迫割地、賠款，並開放了通商口岸。

清朝的主權從此不再完整，閉關鎖國也隨之被打破，清朝被迫與世界接觸，這標誌著中國古代史的結束……

FUN 系列 096

王朝劇場直播中 6
賽雷三分鐘漫畫中國史【元朝～清朝】

作　　者 — 賽雷
主　　編 — 邱憶伶
責任編輯 — 陳映儒
行銷企畫 — 林欣梅
封面設計 — 兒日
內頁排版 — 張靜怡

編輯總監 — 蘇清霖
董 事 長 — 趙政岷
出 版 者 — 時報文化出版企業股份有限公司
108019 臺北市和平西路三段 240 號 3 樓
發行專線 — (02) 2306-6842
讀者服務專線 — 0800-231-705．(02) 2304-7103
讀者服務傳真 — (02) 2304-6858
郵撥 — 19344724 時報文化出版公司
信箱 — 10899 臺北華江橋郵局第 99 信箱
時報悅讀網 — http://www.readingtimes.com.tw
電子郵件信箱 — newstudy@readingtimes.com.tw
時報出版愛讀者粉絲團 — https://www.facebook.com/readingtimes.2
法律顧問 — 理律法律事務所　陳長文律師、李念祖律師
印　　刷 — 華展印刷有限公司
初版一刷 — 2023 年 2 月 17 日
定　　價 — 新臺幣 380 元
（缺頁或破損的書，請寄回更換）

時報文化出版公司成立於一九七五年，
一九九九年股票上櫃公開發行，二〇〇八年脫離中時集團非屬旺中，
以「尊重智慧與創意的文化事業」為信念。

王朝劇場直播中 6：賽雷三分鐘漫畫中國史【元朝～清朝】／賽雷著 . -- 初版 . -- 臺北市：時報文化出版企業股份有限公司，2023.2
240 面；14.8×21 公分 . --（Fun 系列；96）
ISBN 978-626-353-416-2（平裝）

1. CST：中國史　2. CST：通俗史話
3. CST：漫畫

610.9　　111022439

本作品中文繁體版通過成都天鳶文化傳播有限公司代理，經中南博集天卷文化傳媒有限公司授予時報文化出版企業股份有限公司獨家發行，非經書面同意，不得以任何形式，任意重製轉載。

ISBN 978-626-353-416-2
Printed in Taiwan